NOUVELLE BIBLIOTHÈQUE THÉATRALE

L'AMANT AUX BOUQUETS

COMÉDIE EN UN ACTE

PAR

MM. LOUIS LURINE ET RAYMOND DESLANDES

Prix : 50 centimes

PARIS

LIBRAIRIE NOUVELLE

BOULEVARD DES ITALIENS, 15, EN FACE DE LA MAISON DORÉE

1856

L'AMANT AUX BOUQUETS

COMÉDIE EN UN ACTE

PAR

MM. LOUIS LURINE ET RAYMOND DESLANDES

REPRÉSENTÉE POUR LA PREMIÈRE FOIS, A PARIS, SUR LE THÉATRE DU PALAIS-ROYAL, LE 1er MARS 1856.

PARIS

LIBRAIRIE NOUVELLE

BOULEVARD DES ITALIENS, 15, EN FACE DE LA MAISON DORÉE

1856

PERSONNAGES

LE BARON DE GUIFFREY....................	MM. DERVAL.
RENÉ DE RIEUL	GIL-PERÈZ.
VALÉRIE.....................................	Mlle CICO.
MARIOLLE..................................	Mme DUPUIS.

En 1855, à Paris.

L'AMANT

AUX BOUQUETS

Salon-boudoir. — Guéridon au milieu de la scène. — Portes latérales. — Porte au fond. — Une croisée à gauche, troisième plan. — Une causeuse à droite et une à gauche, premier plan. — Un petit meuble à gauche, premier plan. — Un petit guéridon à droite, troisième plan.

SCÈNE Ire.

MARIOLLE, puis RENÉ.

MARIOLLE; elle écoute à une porte latérale, à droite.

Le créancier n'aboie plus : madame lui aura jeté un morceau de sucre enveloppé dans une petite feuille de papier timbré...

(Elle écoute encore. René entre par le fond *.)

RENÉ.

Je vous y prends, mademoiselle Mariolle ! Que faisiez-vous là, curieuse ?

MARIOLLE.

J'écoutais.

RENÉ.

Pour mieux trahir ta maîtresse ?... Ça se fait!

MARIOLLE.

Au contraire, pour mieux la servir... Madame ne me cache rien... et j'étais en train de lui épargner la peine de m'apprendre ce que je veux savoir.

RENÉ.

Est-elle visible ?

MARIOLLE.

Oh !... elle est furieusement occupée... Je dis *furieusement* parce qu'elle doit être en colère.

RENÉ.

Contre qui ?...

* René, Mariolle.

MARIOLLE.

Contre quelqu'un qui est quelque chose... d'affreux.

RENÉ.

Qu'est-ce que c'est que ça... quelqu'un ?

MARIOLLE.

C'est une toile d'araignée... une toile de créancier... dans laquelle madame se débat depuis une heure... elle a failli être dévorée !... Mais nous sommes une fine mouche !... Faut-il que je vous annonce ?

RENÉ.

Non !... le créancier pourrait me gêner... Je n'entends rien aux chiffres... Je reviendrai.

MARIOLLE.

Ne tardez pas.

RENÉ.

A bientôt !

(Il va pour sortir *.)

MARIOLLE.

Monsieur René, quand vous venez dans le jour, ne vous oubliez-donc pas trop, et tâchez de partir avant trois heures.

RENÉ.

Pourquoi ?...

MARIOLLE.

Mais, parce que !... hier, par exemple, vous avez dû rencontrer quelqu'un au bas de l'escalier ?

RENÉ.

Un grand bel homme, d'une cinquantaine d'années ?...

MARIOLLE.

Grand, bien fait, très-distingué... avec un sourire qui se moque de vous... ayant tous ses cheveux... et ne grisonnant pas trop pour son âge... Un homme comme il faut et comme il en faut.

RENÉ.

Il est très-bien, en effet, très-bien conservé... dans de la glace. Est-ce que le baron est jaloux ?...

MARIOLLE.

Fi donc !... Pour qui le prenez-vous ?... Seulement il a horreur des rencontres imprévues dans le salon de madame... Oh ! quant à elle, pour passer dix minutes de plus avec vous, elle serait capable de gâter dix années de sa vie, et les plus belles !

* Mariolle, René.

RENÉ.

Tu crois qu'elle m'aime à ce point ? C'est incroyable !

MARIOLLE.

Monsieur René, vous êtes son premier amour...

RENÉ.

Vraiment, Mariolle ?...

MARIOLLE.

Cela vous étonne ?... Eh bien, moi aussi.

RENÉ, piqué.

Tu ne me trouves donc pas joli ?

MARIOLLE.

Non !

RENÉ.

Mais, alors... ces nombreux succès que j'obtiens auprès des femmes, comment te les expliques-tu ?

MARIOLLE.

Je ne me les explique pas... Mais, c'est égal, monsieur René, n'abusez pas de vos charmes près de madame... Ah! la pauvre tête !... si je n'étais point là pour lui attacher son bonnet avec de grosses épingles, elle serait toujours prête à le jeter par-dessus les moulins ! Il faut donc que vous soyez raisonnable pour deux. Vous l'aimerez beaucoup pour elle, et un peu pour vous... c'est assez ! Vous n'êtes pas à plaindre... on ne vous demande que d'être gentil, amoureux et prudent.

RENÉ.

J'adore le mystère !... je raffole du huis-clos ! Tout ce qui est mystérieux enchante ma jeunesse !... Oh ! ma belle jeunesse !... (On entend une voix dans la chambre de droite.) On se démène encore dans la toile d'araignée... Pauvre mouche !... Je vais chercher mon bouquet de violettes, et je suis de retour dans cinq minutes.

(Il va pour sortir.)

MARIOLLE.

Vous ne prenez pas un billet de loterie ?...

RENÉ.

Quelle loterie ?

MARIOLLE.

Un cachemire de quatre mille francs, qui déplaît à madame.

RENÉ.

Merci, Mariolle, je n'ai point l'âge des loteries... merci !

(Il sort.)

SCÈNE II.

MARIOLLE.

Il y a des femmes qui perdent avec des cartes neuves ce qu'elles ont gagné avec de vieilles cartes !... Voilà les cartes neuves !... C'est ruineux !... Etre adorée d'un homme raisonnable, d'un homme mûr, et se toquer pour un petit fruit vert !... Au lieu de mettre du pain et du bonheur sur la planche, on a des caprices, on grignote... Les friandises perdront toujours ces femmes-là !... Ah ! voici madame.

SCÈNE III.

VALÉRIE, MARIOLLE *.

MARIOLLE.

Eh bien ! madame, le Daniel ne mord plus ?

VALÉRIE.

J'ai fini par le museler.

MARIOLLE.

La muselière vous coûte cher ?

VALÉRIE.

Pas trop ! Je devais à Daniel quinze cents francs en argent... je lui ai donné deux mille francs en papier.

MARIOLLE.

Cinq cents francs d'intérêts pour un renouvellement à trois mois ?... c'est pour rien ! Il me semble que vous lui aviez payé des à-compte là-dessus ?

VALÉRIE.

Oui, mais tu sais... avec ces gens-là, les à-compte ne comptent pas. Je ne suis pas fâchée de lui devoir toujours quelque chose... cela me donne l'espoir de ne jamais le payer tout à fait. Du reste, je ne me plains pas de Daniel : c'est un créancier rigoureux, mais presque poli ; il vous écorche, mais il porte des gants ; il n'aime pas à vous faire des frais : il ne vous fait que des scènes.

MARIOLLE.

Ne trouvez-vous pas que ce gredin de Daniel ressemble à M. Alphonse, votre coiffeur ?...

* Mariolle, Valérie.

SCÈNE III.

VALÉRIE.

Ce que tu dis là est bien agréable pour Alphonse * !... Avec qui parlais-tu, il y a un instant ?... J'ai cru entendre...

MARIOLLE.

Avec M. René.

VALÉRIE.

Et il est reparti ?...

MARIOLLE.

Il reviendra avec son petit bouquet. Je lui ai répété ce que vous m'aviez dit... à propos des visites de M. le baron...

VALÉRIE.

Tu ne l'as point fâché ?...

MARIOLLE.

Du tout, je l'ai ravi... il m'en a remercié !... Pour ne plus s'exposer à nuire à madame, il disparaîtra au besoin sous un gobelet... il jouera le rôle d'une muscade !

VALÉRIE.

Tant mieux !... je commençais à me défier de lui ; il est si jeune ! c'est un enfant !

MARIOLLE.

Un enfant rempli d'intelligence.

VALÉRIE.

Il est gentil, il est amusant, n'est-ce pas, Mariolle ?

MARIOLLE.

Mais, madame, vous devez le savoir mieux que moi...

VALÉRIE.

Ce qui me plaît surtout en lui, c'est qu'il est d'une très-bonne famille.

MARIOLLE.

Oh ! oui, madame... il est pauvre, mais il appartient à une famille riche.

VALÉRIE.

Alors, il sera riche un jour !

MARIOLLE.

Certainement... un jour ou l'autre...

VALÉRIE.

Il ne ressemble guère à M. Charles, qui se faisait des cravates avec mes vieux rubans, sous prétexte de les utiliser.

(Elle s'assied à gauche.)

* Valérie, Mariolle.

MARIOLLE.

Dame !... c'étai du sentiment... il voulait porter vos couleurs.

VALÉRIE, elle s'assied à gauche.

Sais-tu bien que ce petit René a déjà beaucoup réussi... oh! mais, beaucoup !... beaucoup !...

MARIOLLE.

Il réussit encore, madame, et mieux que jamais.

VALÉRIE.

On le connaît et on le regrette... chez Suzanne... chez Augustine... chez Adrienne... Il a du goût! il a pris ce qu'il y avait de moins fané dans la corbeille de mes amies.

MARIOLLE.

Et madame le savait, lorsque M. René s'est présenté chez elle?...

VALÉRIE.

Sans cela je ne l'aurais peut-être pas reçu.

MARIOLLE.

C'est juste !... (A part.) Mariolle, vous n'êtes qu'une grue !

VALÉRIE.

Quelle heure est-il?... (Elle tire sa montre.) J'oubliais que ma montre ne marque jamais l'heure.

MARIOLLE.

Quelle mauvaise montre, madame !...

VALÉRIE.

Mais, quel beau bijou! Voyons *l'Entr'acte*. Que joue-t-on ce soir?... Mariolle, crois-tu qu'il voudrait m'épouser?...

MARIOLLE.

Qui donc?...

VALÉRIE.

René...

MARIOLLE.

Non, madame !

VALÉRIE.

Comment, non?... Eh bien, je suis de ton avis.

MARIOLLE.

Après cela, on voit tant de choses extraordinaires! Il n'y a même que ces choses-là qui arrivent.

VALÉRIE.

As-tu pris des livres nouveaux?

MARIOLLE, prenant des livres, à droite.

Oui, madame, des livres de nos écrivains les plus purs... *le Viveur*, par Ricard... *les Grisettes*, par Maximilien Perrin.

C'est demandé par tout le monde... ça passe de main en main.

VALÉRIE.

On le voit...

MARIOLLE.

On le sent...

VALÉRIE.

Sais-tu s'il y a des primeurs?...

MARIOLLE.

J'ai vu des fraises et des petits pois chez Potel.

VALÉRIE.

Est-ce bien cher?...

MARIOLLE.

M. le baron dira que non, madame!...

VALÉRIE, se levant.

Fait-il beau?... pourrai-je sortir *?...

MARIOLLE.

Un temps superbe!...

VALÉRIE.

J'irai au bois... et René qui ne revient pas! c'est singulier... comme je m'ennuie quand je reste seule dix minutes...

MARIOLLE.

Madame n'a pas souvent de ces dix minutes; quand il n'y a personne, je suis là!...

VALÉRIE.

C'est vrai, tu es toujours là!... tu m'aimes bien, toi?... Quand tu ne seras plus ma domestique, tu seras mon amie!

MARIOLLE.

Merci, madame!...

VALÉRIE.

Si nous faisions une réussite?...

MARIOLLE.

J'ai acheté des cartes.

(Mariolle prend les cartes; Valérie les bat; la réussite commence.) — (Elles sont toutes deux près du guéridon, Valérie assise, Mariolle accoudée familièrement sur le guéridon **.)

VALÉRIE.

Roi de pique... mauvaise affaire!...

MARIOLLE.

C'est le Daniel, madame!...

* Mariolle, Valérie.
** Valérie, Mariolle.

VALÉRIE.

Dame de cœur...

MARIOLLE.

C'est vous, madame !...

(René entre par le fond et s'avance tout doucement sans être vu.)

VALÉRIE.

Valet de cœur...

RENÉ, l'embrassant.

C'est moi * !...

VALÉRIE.

Tu vois, Mariolle, les cartes ne trompent jamais !

(Elle se lève.)

SCÈNE IV.

LES MÊMES, RENÉ **.

RENÉ.

Comment ! vous croyez aux cartes, ma petite Valérie ?...

VALÉRIE.

Il faut bien croire à ce qui nous réussit ! j'amène le valet de cœur... je me retourne... et vous voilà!... C'est égal, René, vous venez bien tard.

RENÉ.

Je suis déjà venu... et je reviens en courant !

VALÉRIE.

Pourquoi en courant ?...

RENÉ.

Depuis que je vous connais, je ne fais que courir. C'est étonnant comme l'on est toujours pressé quand on aime !... la vie d'un homme amoureux se passe à craindre de ne jamais arriver assez vite ! Avez-vous éprouvé cela ?...

VALÉRIE.

Non !... moi, je ne sais qu'attendre ; j'attends ceux qui courent.

RENÉ.

Voici mon bouquet.

VALÉRIE.

Encore des folies, René ?... Je vous répète, monsieur, qu'il ne me plaît de recevoir de votre main que des bouquets de violettes de deux sous !... Ah ! quel joli bouquet !

* René, Valérie, Mariolle.
** René, Valérie, Mariolle.

MARIOLLE, à part.

Dix francs de verdure.

VALÉRIE, à Mariolle.

Porte ces fleurs dans ma chambre...

RENÉ, à part.

J'irai les remplacer.

(Mariolle va pour sortir.)

VALÉRIE.

Mariolle, as-tu vu Henriette?...

MARIOLLE.

Mais, non, madame!...

VALÉRIE.

Non?.. ah! c'est ennuyeux!... Tu sais bien qu'elle attend ma réponse depuis hier!...

MARIOLLE.

Mais, Madame... je n'ai pas eu un moment pour sortir... On ne fait qu'entrer ici depuis ce matin!

VALÉRIE.

Cette pauvre enfant!...

(Mariolle sort.)

SCÈNE V.

RENÉ, VALÉRIE *.

RENÉ.

Quelle est cette réponse que vous envoyez à Henriette?...

VALÉRIE.

Ce n'est rien.

RENÉ.

Ce n'est jamais rien... et c'est toujours quelque chose!... Des secrets pour moi... déjà!

VALÉRIE.

Bon!... le voilà jaloux... Oh! les hommes!... leur jalousie est toujours en avance ou en retard. Voici le grand mystère... Henriette n'est pas heureuse; elle m'a demandé un petit service; je lui envoie cent francs... Et parlons d'autre chose!...

RENÉ.

Vous êtes un ange!... (Il l'embrasse.) Comment se fait-il que cette jolie Henriette?...

VALÉRIE.

Oui, elle est bien jolie... elle a tout ce qu'il faut pour être heureuse... Eh bien!... pas de chance!

* René, Valérie.

RENÉ.

C'est peut-être sa faute ?...

VALÉRIE.

Non, c'est la faute de plusieurs personnes... qui l'ont méconnue; cela se voit tous les jours. Il y a des laiderons qui viennent on ne sait d'où, et qui arrivent où elles veulent !... Elles n'ont ni esprit, ni figure... elles n'ont rien, et on leur donne tout. Ces laideurs parvenues ont presque toujours à côté d'elles une amie charmante et misérable qui en est réduite à faire leurs commissions, à écouter leurs confidences et à mettre des lacets à leurs bottines... Que voulez-vous ? c'est l'étoile !

RENÉ.

Une bien mauvaise étoile !

VALÉRIE.

Cette pauvre Henriette manque peut-être de quelque chose pour réussir...

RENÉ.

Ce qui fait qu'il lui arrive souvent de manquer de tout.

VALÉRIE.

Elle peut compter sur moi : tant que j'aurai une table, elle ne manquera pas de miettes.

RENÉ.

Que je suis heureux de vous entendre parler ainsi ! Sacrebleu ! voilà donc une femme !... la première... la seule... qui ne déteste pas ses amies !

VALÉRIE.

René, si jamais vous cessez de m'aimer, je vous conseille d'adorer Henriette.

RENÉ.

Oh ! Valérie !...

VALÉRIE.

Eh bien! non, non; tu m'aimeras toujours, c'est convenu !...

RENÉ.

Oh ! oui, toujours, toujours !... et cependant... hier, à trois heures moins deux minutes, j'ai éprouvé...*

VALÉRIE.

Quoi, donc ?

RENÉ.

Eh bien! j'ai rencontré, au bas de votre escalier, une personne... un personnage... que vous recevez tous les jours... Je ne veux pas savoir pourquoi...

* Valérie, René.

VALÉRIE.

Le baron ?...

RENÉ.

Un baron, soit !... je l'ai trouvé superbe, ce baron ! D'abord, il m'a humilié lorsqu'il est passé près de moi... Il est grand... et j'ai compris que je n'étais pas à sa taille !... Enfin, j'ai cru qu'il n'était pas impossible qu'une jolie femme aimât un pareil homme !

VALÉRIE.

Il a plus de cinquante ans... il pourrait être votre père...

RENÉ.

Il est d'un gris légèrement pommelé... c'est vrai ; mais il est bien riche, ce Jupiter... ô sa Danaé ! Je le serai aussi un jour... mais l'attente est cruelle... Le Café Anglais et le coupé à quarante sous sont l'expression la plus folle de mes prodigalités... Quant à lui, les locatis lui sont inconnus... Ce sont des équipages princiers qu'il vous offre... Il peut vous couvrir de diamants, de cachemires, de dentelles... il peut faire pousser des ananas sur votre balcon... mettre à vos petits pieds des jardins tout entiers, des jardins suspendus... et je ne vous apporte chaque matin qu'un simple bouquet de violettes... quelques herbes timides... Ah ! si j'étais riche !...

VALÉRIE.

Si vous étiez riche... je ne penserais peut-être qu'à vous rendre pauvre.

RENÉ.

Hein !... c'est vrai... vous m'éclairez... j'étais un ingrat ! Moi, jaloux d'un pareil homme ?... Mais, ma fortune, à moi, c'est ma jeunesse... j'ai l'âge des lilas, et j'en cueille !... Je suis gai, insouciant, amoureux... la vie, pour moi, est un feu d'artifice dont je suis le bouquet !... Le voilà bien avancé, avec son argent !... pour rien au monde je ne voudrais ressembler à cet homme d'argent...

VALÉRIE.

Je le crois bien... voyez un peu quelle différence entre vous et lui !... il n'est plus assez jeune, et vous l'êtes trop peut-être ! Il vient chez moi quand bon lui semble... mais vous seul y êtes le bienvenu... Parfois je l'attends avec impatience, parce que j'ai besoin de lui... Je n'ai pas besoin de vous, et je m'impatiente à vous attendre... Enfin, René, je me laisse aimer de lui parce que je suis raisonnable ; mais je n'aime que vous, parce que je suis folle...

RENÉ.

Bien vrai?... oh! comme l'amour a raison de se moquer de l'argent!

VALÉRIE.

Est-il gentil!... est-il naïf!... est-il jeune, mon Dieu!

RENÉ.

Je suis sûr qu'il a des prétentions superbes!...

VALÉRIE.

Qui?

RENÉ.

Lui!... Il s'imagine qu'on lui appartient...Il ose, il fait des phrases... il cache son âge, malgré sa figure, et il lui pousse des illusions sous sa perruque!

VALÉRIE.

Il est si bon!

RENÉ.

Si bon! si bon!... bon pour lui d'abord... pour vous ensuite, par-dessus le marché!... Vous n'êtes pour lui qu'une distraction, une vanité, une habitude, un plaisir, un luxe... Il prend sa stalle chez vous de trois à cinq heures, comme aux Folies-Nouvelles... Tenez, je n'ai fait que l'entrevoir... et je l'ai deviné des pieds à la tête!... Je suis sûr qu'il entre chez vous, solennel comme un juge d'instruction, ayant l'air de porter la banque de France dans les plis de son paletot... Il vous dit: Bonjour, chère enfant!... il vous embrasse au front, allume un cigare, parle de son cheval qu'il appelle Valérie... comme vous; il vous entretient des reports qu'il a faits, évoque ses anciennes fredaines, vous donne des conseils d'économie... politique, et vous dit adieu jusqu'à l'ennui du lendemain...

VALÉRIE, à part.

Comme c'est ça!

RENÉ.

Moi, au contraire, je n'entre ici que lorsque sa majesté l'ennui en sort! J'ai le petit mot pour rire, moi!... mon amour ne s'incruste pas... il batifole, il est léger, souriant; il a des ailes de gaze et non des ailes d'argent... tandis que le sien ne porte dans son carquois que des gros sous et des rhumatismes...

VALÉRIE.

Tu es un trésor*!... Trois heures! partez vite!

RENÉ.

Déjà?...

* René, Valérie.

VALÉRIE.

Il le faut!...

RENÉ.

Dans quelques minutes...

VALÉRIE.

Veux-tu me déplaire... pour la première fois?...

RENÉ.

Je pars... je suis parti!... je reviendrai...

VALÉRIE.

Quand sa voiture ne sera plus à ma porte. Adieu!...

RENÉ.

A bientôt!...

(Mariolle entre précipitamment *.)

MARIOLLE.

Madame!... madame!... monsieur le baron!...

RENÉ.

Comment faire?...

VALÉRIE.

Restez, et laissez-moi dire.

RENÉ.

Je suis désolé de cette rencontre!...

VALÉRIE.

Et moi, donc!...

SCÈNE VI.

LES MÊMES, LE BARON **.

Le baron entre; il remet son chapeau à Mariolle et baise Valérie au front.

LE BARON.

Bonjour, chère enfant.

RENÉ, à part.

Là... qu'est-ce que je disais!...

LE BARON.

J'ai peur d'être venu trop tôt...

VALÉRIE.

Trop tard, puisque j'ai attendu. (Le baron s'assied. Il prend un livre. René est debout, prêt à sortir.) (A René.) Asseyez-vous, monsieur; j'ai encore une petite condition à vous faire. (René s'assied avec embarras.) Eh bien! Mariolle, Henriette *** ?...

* René, Mariolle, Valérie.

** René, Valérie, le baron, Mariolle, deuxième plan.

*** René, Valérie, Mariolle, le baron.

MARIOLLE.

Je l'ai vue, madame; je suis arrivée à propos... Elle n'avait plus que l'espoir pour déjeûner!...

(Elle sort.)

VALÉRIE, au baron.

Vous la connaissez... Vous l'avez vue ici deux ou trois fois... Pauvre fille!... elle est un peu... trop gênée, et je lui ai prêté cinq louis... Dieu me les rendra...

LE BARON.

C'est moi qui vous les rendrai... Je ne veux pas que vous ayez à souffrir d'un bon sentiment... Il faut encourager l'amitié qui sait aimer. Voici mon offrande...

(Il pose de l'or sur la table.)

RENÉ, à part.

Ce n'est point de l'argent qu'il donne : c'est de l'orgueil qu'il dépense!... Cynique!

VALÉRIE, à René.

Monsieur, vous avez ma promesse... je jouerai; mais j'exige que l'on me fournisse mes deux costumes... j'irai les choisir chez Babin... (René s'incline.) (Au baron.) Monsieur est venu solliciter mon petit talent pour une représentation à bénéfice, au théâtre de la Tour-d'Auvergne, et j'ai promis de jouer avec lui.

RENÉ, se levant, à part.

C'est agréable de passer pour un comédien du théâtre de la Tour-d'Auvergne!

LE BARON.

Ah! monsieur joue la comédie?

VALÉRIE.

Quelquefois, seulement, en amateur...

RENÉ.

Quand j'y suis forcé..

VALÉRIE.

Nous n'avons plus rien à nous dire, monsieur?

RENÉ.

En ce moment, non... Je ne le crois pas. (Il remonte.) (A Valérie.) Je compte sur vous, madame... * (Il s'approche du baron qui, près d'un petit guéridon, au fond, à droite, lui tourne le dos.) Monsieur, j'ai de nouveau l'honneur de vous saluer.

LE BARON, froidement.

Je vous salue... monsieur.

* Valérie, René, le baron.

RENÉ, à part.

Il se croit quelque chose ici... Il me fait rire!

(René sort.)

SCÈNE VII.

LE BARON, VALÉRIE *.

VALÉRIE.

Comment trouvez-vous ce jeune homme?

LE BARON.

Pas mal... pour un comique... Il joue les comiques, n'est-ce pas?... Ah çà! ma chère petite, vous avez donc toujours la manie du théâtre?

VALÉRIE.

Je reviens à la comédie de temps en temps: il me semble que j'y apprends quelque chose; c'est une position dans le monde! et puis, on a son portrait exposé chez tous les photographes...

LE BARON.

Oui, à tous les coins de rue...

VALÉRIE.

Ça pose!

LE BARON.

Je ne comprends rien à cette rage que vous avez toutes de vouloir monter sur les planches; avec l'argent que vous coûtent les pampilles de la comédie, vous pourriez acheter des réalités charmantes. Quand je pense que Marguerite, votre amie, paye cent louis par an à son directeur pour avoir le droit de se travestir en servante ** !...

VALÉRIE.

Vous aimez fort peu les comédiennes aujourd'hui... cela tombe mal pour moi. Vous ne fumez pas?...

LE BARON.

Non, merci! (A Mariolle, qui vient d'entrer.) *** Mariolle, dites à mon cocher d'aller prendre ma femme et ma fille qui attendent ma voiture depuis deux heures.

MARIOLLE.

Oui, monsieur le baron.

(Elle sort.)

* Valérie, le baron.
** Le baron, Valérie.
*** Mariolle, le baron, Valérie.

VALÉRIE, à part *.

Ah! mon Dieu! pourvu que René ne croie pas que...

LE BARON.

Valérie... qu'est-ce donc que ça?...

(Il lui montre un petit paquet de cartes.)

VALÉRIE.

Ça... c'est une loterie?...

LE BARON, souriant.

Toujours la même?

VALÉRIE.

Pensez-vous que je joue éternellement avec les mêmes cartes?...

LE BARON.

Au contraire!... je pense que vous ajoutez des paquets. Je prends cinquante numéros que je vous donne; je suis sûr que vous gagnerez.

VALÉRIE, à part.

Je gagne déjà!... (Haut.) A propos de loterie, vous êtes, je crois, du conseil d'administration du nouveau chemin de fer?...

LE BARON.

Oui... pourquoi?

VALÉRIE.

Il paraît que c'est là une belle affaire... les actions feront prime... on en a promis à toutes ces dames...

(Le baron ouvre son carnet et écrit.)

LE BARON, écrivant.

« Mademoiselle Valérie, propriétaire, quarante actions... »

VALÉRIE.

Vous êtes un homme adorable!...

LE BARON.

Je suis votre ami. Avez-vous assisté cette nuit à la fête du Jardin d'hiver?

VALÉRIE.

J'ai été le succès du bal. Malgré votre absence, j'étais contente de moi!...

LE BARON.

C'est que vous étiez contente des autres.

VALÉRIE.

Les autres ont fait leur devoir : ils m'ont admirée jusqu'à six heures du matin. Il y en avait un surtout, un jeune

* Le baron, Valérie.

homme, tout jeune, beaucoup trop jeune... vous savez que j'ai horreur des petits jeunes gens...

LE BARON.

Je le sais, parce que vous me le dites.

VALÉRIE.

Il ne m'a pas quittée... des yeux, un seul instant.

LE BARON.

Tant pis pour lui!

VALÉRIE.

Vous le connaissez peut-être..... on me l'a nommé..... M. René de Rieul?...

LE BARON.

René de Rieul?... ce doit être le fils de l'ancien député... un homme excellent et charmant. Je présume que M. René de Rieul ressemble à son père, et je lui en fais mon compliment.

VALÉRIE.

Vous n'êtes pas jaloux, vous!...

(Elle s'assied à droite.)

LE BARON.

Jaloux de M. de Rieul?...

VALÉRIE.

Pourquoi pas?

LE BARON.

Parce que je le crois incapable d'accepter le vilain rôle qu'il pourrait peut-être jouer ici entre vous et moi.

VALÉRIE.

Quel est ce vilain rôle?...

LE BARON.

Mais, je ne pense pas qu'il soit disposé à se blottir derrière mon fauteuil. Tout le monde n'a pas le courage de certains sentiments équivoques.

VALÉRIE.

Ce que vous dites-là est bien beau... mais ce n'est que de la vanité.

LE BARON.

Ce que je dis là est bien simple... et ce n'est que de la raison!... Quoi!... je serais jaloux d'un de ces galantins inutiles que vous appelez des amants aux bouquets?

VALÉRIE, à part.

Allons... c'est maintenant l'argent qui va se moquer de l'amour!

LE BARON.

Mais, voyez un peu quelle différence entre eux et nous!

nous entrons chez vous sans hésiter, quand bon nous semble, par la grande porte; les autres n'arrivent près de vous qu'à la dérobée, en tremblant. On est toujours visible pour nous; il y a bien des antichambres pour eux! rien ne nous force de quitter la place, lorsque par hasard ils paraissent devant nos yeux. (S'asseyant sur le bras de la causeuse.) Mais eux... à notre approche, ils se glissent bien vite dans une alcôve, dans une armoire, je ne sais où...

VALÉRIE, à part.

C'est vrai!...

LE BARON.

Vous disposez de leur temps, et nous disposons du vôtre. Vous sied-il de dîner avec l'amant aux bouquets? un seul mot vous prévient que nous dînerons avec vous, et aussitôt vous changez de table. Leur avez-vous promis d'assister, un beau soir, à l'ouverture du parc d'Asnières?... vous apprenez que nous voulons passer la soirée avec vous... et adieu les violons!... (Se levant.) Il pleut, il pleut, bergère, on n'ira plus au bois!...

VALÉRIE, à part.

Comme il y a huit jours!... j'avais fait le beau temps, et il a fait la pluie.

LE BARON.

Voilà pourquoi, ma chère Valérie, il ne me siérait pas d'être jaloux de certains amoureux, en général... et de M. René de Rieul, en particulier. Que comptez-vous faire aujourd'hui?...

VALÉRIE, se levant.

Je suis à vos ordres, M. le baron... je ne dois être que votre servante, une servante de luxe! Ce que je compte faire aujourd'hui!... vous disposez de mon temps... faites mes heures!... Je sais maintenant que je ne puis vivre que par ordre. . ordonnez! Ne craignez rien de mes ennuis ou de mes chagrins secrets : je serai gaie, contente, heureuse, et le bonheur de mon visage vous fera la cour!... vous me trouverez toujours parée, coiffée... et résignée. Me voilà votre esclave... Je porterai le deuil de ma liberté en rubans roses! Je vous en supplie, commandez, M. le baron... et vous serez servi!

(Elle salue.)

LE BARON.

Vous êtes une enfant, et vous n'avez pas voulu me comprendre... Voici du moins qui fera plaisir à mon esclave :

je vous quitte! le temps est superbe, et vous serez libre toute la journée!

VALÉRIE.

Vous trouvez le moyen de me désoler en me disant les choses les plus agréables.

LE BARON.

Comment?...

VALÉRIE.

Je ne voulais pas être libre aujourd'hui!... J'avais donné tout mon temps... je l'avais donné à mon maître.

LE BARON.

Vous aviez donc des projets? parlez.

VALÉRIE.

A quoi bon... puisque je serai libre et seule toute la journée?...

LE BARON.

N'importe... dites toujours...

VALÉRIE.

Eh bien! je m'étais promis de me promener dans une belle voiture avec vous... de faire un excellent dîner avec vous... d'aller voir le *Demi-Monde* avec vous.

LE BARON.

Mais, tout cela est possible... à peu près...

VALÉRIE.

Quel est cet à peu près?

LE BARON.

Je vais vous envoyer un coupé de Brion. J'irai commander moi-même votre dîner chez Potel. Enfin, à cinq heures, vous recevrez une loge pour le Gymnase.

VALÉRIE.

Et... et vous, mon ami?...

LE BARON.

Soyez tranquille... je ne paraîtrai pas...

VALÉRIE, après un mouvement de satisfaction.

Ah! quel dommage!...

LE BARON.

Je dîne chez ma belle-mère.

VALÉRIE.

A Paris? ..

LE BARON.

Non, à Saint-Germain. J'y songe... vous feriez bien d'inviter votre amie Henriette; c'est une bonne fille, et puis elle a si rarement l'occasion de s'amuser!...

VALÉRIE.

Excellente idée, bien digne de vous !... Je vais m'habiller pour aller prendre Henriette ; nous passerons la journée ensemble !... Quel bonheur !... une voiture... un dîner... une loge... ne l'oubliez pas !

LE BARON.

Je n'oublie jamais rien... adieu, chère enfant! (Il la baise au front.) Ah !... vous me demandiez l'autre jour un piano ?...

VALÉRIE.

Oh! non, pas de piano!... j'ai assez de meubles.

(Il la conduit jusqu'à la porte de sa chambre.)

SCÈNE VIII.

LE BARON.

Si toutes ces pauvres filles ne s'ennuyaient pas, elles vaudraient peut-être mieux! Franchement, elles ne méritent ni tant de poëmes ni tant de pamphlets. Valérie ne s'ennuiera pas aujourd'hui... Allons à Saint-Germain...

(René entre en courant; il s'arrête stupéfait, à la vue du baron.)

SCÈNE IX.

LE BARON, RENÉ *.

RENÉ.

Ah! pardon!... je croyais... je cherchais...

LE BARON.

Mademoiselle Valérie?.. Elle s'habille pour sortir.

RENÉ.

Je me retire...

LE BARON.

Vous pouvez l'attendre...

RENÉ.

Ce que j'ai à dire à Mlle Valérie ne signifie rien...

LE BARON.

Ce que l'on dit aux femmes signifie toujours quelque chose... à votre âge, je ne leur disais rien qui ne signifiât beaucoup.

RENÉ.

Il s'agit d'un costume de théâtre... Figurez-vous que Babin...

* Le baron, René.

LE BARON.

Oh ! monsieur, laissez là les masques de Babin ; les déguisements de Mlle Valérie ne me regardent pas.

RENÉ.

Voilà tout... ce n'est pas un grand mystère... je ne suis pas fâché de vous donner cette petite explication...

LE BARON.

A moi?... vous vous trompez... quand j'ai besoin d'une explication, je ne l'attends pas, je la demande.

RENÉ.

Il me semblait que vous me demandiez tout à l'heure...

LE BARON.

Du tout!... vous avez peut être songé à me répondre; mais je n'ai pas songé à vous questionner... A qui ai-je l'honneur de parler?...

RENÉ.

René de Rieul.

LE BARON.

Ah!.. (A part.) Ils avaient raison... ils se préparaient à jouer la comédie! (Haut, s'asseyant à gauche.) Faites comme moi, monsieur.

RENÉ, à part.

Diable! il s'incruste!

LE BARON, se levant à demi.

Ayez donc la bonté de vous asseoir... vous allez me forcer de rester debout. (Ils s'asseyent tous deux.) Monsieur votre père, qui est un homme sérieux, sait-il que vous jouez quelquefois les comiques?...

RENÉ.

Comment... les comiques?...

LE BARON.

Sans doute... au théâtre de la Tour-d'Auvergne?

RENÉ.

Ah! oui... par hasard...

LE BARON.

Dans des représentations extraordinaires... des rôles de complaisance?...

RENÉ.

Précisément.

LE BARON.

Eh bien! monsieur de Rieul, permettez-moi de vous donner un bon conseil... (Ils se lèvent.) Je vous engage à renoncer aux comiques; vous n'avez de ce vilain emploi ni le physique...

RENÉ, à part.

Il me flatte!

LE BARON.

Ni le moral, j'en suis sûr... (A part, en s'en allant.) C'était une comédie... (A René.) Nous nous reverrons, monsieur de Rieul!

SCÈNE X.

RENÉ.

J'ai fait une sottise... deux sottises! Je le croyais parti dans sa voiture, et je suis venu trop tôt; il m'a parlé de mon rôle, et j'avais oublié mon personnage!... Mauvaise affaire!.. Je n'en dirai rien à Valérie... elle me gronderait tout le jour.. elle serait capable de me bouder jusqu'à demain... Bouche close! c'est elle...

SCÈNE XI.

VALÉRIE, RENÉ *.

VALÉRIE.

Ah! c'est vous, René?...

RENÉ.

J'arrive à l'instant.

VALÉRIE.

Vous n'avez pas rencontré le baron, je l'espère?

RENÉ.

Je l'ai vu partir... (A part.) Je ne mens pas!

VALÉRIE.

Regardez-moi donc!...

RENÉ.

Vous êtes charmante... ravissante! Quelle admirable toilette!... Je ne vous connaissais pas encore cette belle robe...

VALÉRIE.

C'est le baron qui me l'a donnée, il y a trois jours... Venez çà, près de moi... (Ils s'asseyent à gauche.) Je vous ai ménagé une surprise...

RENÉ.

Agréable?

VALÉRIE.

Quelle question!... que faites-vous aujourd'hui?

* René, Valérie.

RENÉ.

Je ferai ce que je pourrai.

VALÉRIE.

Eh bien ! je vous garde toute la journée.

RENÉ.

Toute la journée !.. ni plus... ni moins ?..

VALÉRIE.

Taisez-vous !.. le baron est forcé d'aller dîner en famille, à la campagne... il a voulu me plaire... il ne sera de retour que demain.

RENÉ.

Décidément, il est trop bon !

VALÉRIE.

Voici comment j'ai disposé de vous... et de moi.

RENÉ.

Voyons.

VALÉRIE.

D'abord, nous sortirons en voiture, et nous irons au bois.

RENÉ.

Allons au bois !

VALÉRIE.

Ensuite, nous dînerons en tête-à-tête...

RENÉ.

Dans un cabinet particulier, au Café Anglais !

VALÉRIE.

Non... chez moi... chez nous.

RENÉ.

Alors, j'irai commander notre dîner...

VALÉRIE.

C'est inutile... j'ai donné mes ordres.

RENÉ.

Ah ! c'est vous qui avez ordonné ?...

VALÉRIE.

Puisque c'est moi, monsieur, qui ai l'honneur de vous recevoir ! cela te fâche ?

RENÉ.

Cela m'enchante !... mais...

VALÉRIE.

Mais... tu regrettes la carte à payer du Café Anglais ? vous la payerez une autre fois, monsieur le prodigue... et je vous ruinerai... Je choisirai tout ce qu'il y aura de meilleur... non, tout ce qu'il aura de plus cher.

RENÉ.

Un dîner de trois mille francs !... Cela me rassure.

VALÉRIE.

Enfin, après dîner, nous passerons toute notre soirée...

RENÉ.

Ici!...

VALÉRIE.

Au théâtre... nous verrons le *Demi-Monde*; on dit que c'est très-amusant... et très-moral. (On entend le bruit d'une voiture.) Ah! René... voilà notre voiture... (Elle va à une croisée.) Voyez donc comme elle est jolie!... il faut avouer que le baron a du goût!

RENÉ, qui s'est levé.

C'est donc lui qui vous envoie la voiture?

VALÉRIE.

Ce n'est pas vous, n'est-ce pas?... Eh! mon Dieu! vous me regardez là, d'un air étonné... allons, vite, vite, mon châle... (René lui donne son châle.) Mon chapeau... (Il lui donne son chapeau.) Me trouvez-vous jolie?... oui... Eh bien? partons...

(Mariolle entre.)

SCÈNE XII.

LES MÊMES, MARIOLLE *.

MARIOLLE.

Madame, madame... monsieur le baron est en bas, dans la voiture!...

RENÉ.

Le baron?...

VALÉRIE.

Dans la voiture?...

MARIOLLE.

Il n'ira plus à Saint-Germain qu'à six heures, et il vient prendre madame pour l'accompagner au bois; il a pensé, m'a-t-il dit, que cela vous ferait plaisir.

RENÉ.

C'est horrible!...

VALÉRIE.

Quel ennui!... c'est bien la peine d'avoir étrenné pour vous... la belle robe qu'il m'a donnée **!

RENÉ.

Eh bien! il n'y a qu'à l'envoyer promener... tout seul?

* René, Mariolle, Valérie.
** René, Valérie, Mariolle.

VALÉRIE.

C'est impossible!...

RENÉ.

Si vous aviez vos nerfs?

VALÉRIE.

Il ne croit pas à ces niaiseries-là!

RENÉ.

Faites-lui dire qu'il ne vous plaît pas de sortir...

VALÉRIE.

Il est excellent, ce petit, avec ses mauvaises raisons!

RENÉ.

Vous m'avez répété cent fois qu'il vous laissait tout à fait libre!

VALÉRIE.

Oui, je suis libre... mais lui aussi est libre! Je n'ai pas le droit de lui imposer mes volontés.

(Elle réfléchit.)

MARIOLLE.

Il attend, madame...

RENÉ.

Qu'il attende... Nous nous occupons de lui! A quoi pensez-vous?

VALÉRIE.

Je pense à tout!... J'imagine un prétexte... je trouverai... je trouve toujours!... Pendant mon absence, vous veillerez au dîner, avec Mariolle... vous l'aiderez à mettre la table... et vous penserez à moi... Adieu!

RENÉ.

Adieu!... Dépêche-toi!

(Valérie sort.)

SCÈNE XIII.

RENÉ, MARIOLLE *.

MARIOLLE.

Allons, monsieur, à l'ouvrage!... Etes-vous heureux, hein?... Débarrassez la table d'abord... Je vais prendre du linge pour mettre le couvert.

(Elle sort.)

RENÉ.

C'est ça! mettons le couvert!... C'est singulier... lorsqu'il m'arrive de dîner... chez une femme, je ne suis pas dans mon

* René, Mariolle.

assiette; je suis gêné, mal à l'aise, je n'ai plus faim, et je ne retrouve mon appétit qu'en quittant la table! Il est trop tard!... Après tout, si je dîne une fois avec Valérie, elle dînera vingt fois avec moi...

MARIOLLE rentre en portant un plateau garni de comestibles, qu'elle pose sur le petit guéridon *.

Que faites-vous ainsi, les bras croisés, paresseux?... Venez donc m'aider!...

RENÉ.

Voilà! voilà!... (Il débarrasse le guéridon du milieu. Mariolle met la nappe et ils apportent successivement sur le grand guéridon ce qui est sur le plateau.) Sais-tu que tu es fort gentille, Mariolle?

MARIOLLE.

Oui, je le sais.

RENÉ.

Quel âge as-tu?

MARIOLLE, allant au petit guéridon de gauche.

Je ne sais pas **.

RENÉ.

Je m'en doutais.

MARIOLLE, revenant.

Ah! monsieur René, si j'avais voulu...

RENÉ.

Tu n'as pas voulu, Mariolle?

MARIOLLE.

Je ne serais pas aujourd'hui la servante de ma maîtresse!

RENÉ.

Tu n'es pas une servante : tu vis en même temps dans le boudoir et dans l'antichambre, dans le salon et dans la cuisine; tu es une confidente, une amie... en tablier vert...

MARIOLLE.

Une amie, c'est vrai... je tutoie quelquefois madame, quand elle est malheureuse. (René retourne au guéridon de gauche.) (A elle-même.) Tout n'est pas rose dans la maison, même quand il y a beaucoup de fleurs! (René revient***.) Je vous parle ainsi familièrement, parce que je ne vous crains pas, vous! Pour un rien, je vous appellerais René... tout court!

RENÉ.

Ne te gêne pas, Mariolle... pendant que nous servons ensemble.

* Mariolle, René.
** René, Mariolle.
*** Mariolle, René.

MARIOLLE.

Voyez donc, monsieur René... des hors-d'œuvre, des primeurs, des chateries... * Oh! il fait bien les choses!

RENÉ.

Encore le baron?...

MARIOLLE.

Eh bien, oui, c'est le baron qui nous envoie à dîner!... Savez-vous ce que coûtent aujourd'hui ces petits artichauts... et ces grandes asperges... et ces grosses fraises?...

RENÉ, descendant la scène.

C'est bien... c'est bien... Je ne te demande pas l'addition.

MARIOLLE.

Je ne voudrais pas vous la donner! (Voyant la mauvaise humeur de René.) Ah! bah!... le dîner est servi... il faut tâcher de le manger!

(Ils roulent le grand guéridon près de la causeuse de droite.) — (La porte du fond s'ouvre et Valérie paraît.)

SCÈNE XIV.

LES MÊMES, VALÉRIE **.

VALÉRIE, entrant.

C'est moi!

RENÉ ET MARIOLLE.

C'est elle!

VALÉRIE.

Je meurs de faim... sers-nous, Mariolle. (A René.) J'ai joué d'un bonheur insolent! Au rond-point des Champs-Elysées, j'aperçois tout à coup... devinez?...

RENÉ.

Le jet d'eau...

VALÉRIE.

Non... J'aperçois Henriette, qui se donnait du bon temps et de l'air, la pauvre fille! Je l'appelle... elle accourt... je l'embrasse et je l'invite à dîner... Elle accepte... je m'excuse de ne pouvoir pas lui offrir une place dans ma voiture... Et j'avais trouvé!... comprends-tu? la voiture n'était qu'à deux places... Je le connais... il est galant, et je savais bien qu'il supplierait Henriette de continuer sa promenade avec moi. La promenade n'a pas été longue: j'ai ramené mon amie, je l'ai *désinvitée!* J'ai promis de lui envoyer des cre-

* René, Valérie, Mariolle, deuxième plan.
** René, Mariolle.

vettes... Et me voilà ! ai-je bien joué mon rôle ?... Et le baron qui ne veut pas que je joue la comédie !

MARIOLLE.

Ce serait bien dommage !

VALÉRIE.

Allons, allons... à table... Il est tard, et je veux voir le *Demi-Monde* tout entier... des pieds à la tête. (Ils s'asseyent à droite sur le canapé.) Mariolle, je n'y suis pour personne.

MARIOLLE.

Je le sais bien, madame.

(Elle sort.)

VALÉRIE.

Maintenant, nous voilà bien seuls, bien tranquilles...

(On sonne au dehors. René se lève.)

RENÉ.

On a sonné...

VALÉRIE.

Eh bien ! Mariolle n'ouvrira pas.

(On sonne plus fort. Mariolle arrive sur la pointe des pieds.)

RENÉ.

Encore !

MARIOLLE, bas.

Madame !... madame !... c'est monsieur qui a sonné deux fois !

VALÉRIE.

C'est impossible !

RENÉ.

Il ne nous laissera donc pas tranquilles une minute !

MARIOLLE.

Je l'ai vu par le carreau du palier...

RENÉ, se levant.

Il a peut-être oublié quelque chose... sa canne, ses gants, sa tabatière...

(On cherche partout.)

MARIOLLE.

Je crois qu'il n'a oublié que vous, madame... et il vient vous chercher.

VALÉRIE.

Mais, vous, René... vous ?

RENÉ.

Moi ?... oh ! je connais mon affaire... je me cacherai ! C'est humiliant ! mais il est beau de s'humilier pour l'honneur d'une femme ! Avez-vous un placard ?

VALÉRIE.

Merci!... Il y en a un dans ce cabinet...

MARIOLLE, donnant à René son chapeau.

Votre chapeau!...

VALÉRIE, poussant René.

A bientôt... Cache-toi bien... Je t'aime!...

(René se retire à gauche. Mariolle va ouvrir. Valérie se remet à table. Le baron entre.)

SCÈNE XV.

VALÉRIE, LE BARON *.

VALÉRIE.

Quoi! le carillon de tout à l'heure, c'était vous?...

LE BARON.

J'ai carillonné?... C'est possible... J'étais pressé de vous revoir.

VALÉRIE.

Vous n'êtes donc pas à Saint-Germain?

LE BARON.

Non, je suis à Paris.

VALÉRIE, à part.

Je le vois bien.

LE BARON.

Où est donc Henriette?

VALÉRIE.

Elle s'est sentie un peu souffrante... je l'ai ramenée chez elle.

LE BARON.

Et vous dîniez seule?

VALÉRIE.

Toute seule... Je me trompe... devant un pareil gala, j'avais ordonné à Mariolle de prendre place à ma table... Je crois même qu'elle s'était assise déjà...

MARIOLLE.

Non, madame, j'allais m'asseoir.

LE BARON.

Eh bien, à mon tour, je remplacerai Mariolle.

VALÉRIE, à part.

Ciel!

* Le baron, Valérie, Mariolle.

LE BARON, s'approchant de la table *.

Vous permettez que je mange... votre dîner, mademoiselle Mariolle?

(Il prend une chaise et s'assied.)

VALÉRIE, à part.

Je le maudis!

MARIOLLE, à part.

Ce n'est point mon dîner qu'il va manger... c'est celui de l'autre!

(Elle va et vient, tout en servant.)

VALÉRIE.

Comment n'êtes-vous pas allé chez votre belle-mère?

LE BARON.

Un caprice, une idée peut-être... Est-ce que je vous gêne?

(Il offre des artichauts à Valérie.)

VALÉRIE.

Au contraire... Mon ami, il faut que je vous gronde.

LE BARON.

Vous n'aimez pas les artichauts?

VALÉRIE.

J'aime tout ce qui vous plaît; seulement, bien des choses vous plaisent aujourd'hui!... vous m'avez envoyé un trop grand dîner...

LE BARON.

Pourquoi trop grand?

VALÉRIE.

Eh! mon Dieu!... parce que nous n'en finirons pas.

LE BARON.

Nous ne dînons pas à l'heure... Nous avons le temps. (Léger bruit dans le cabinet à gauche.) Est-ce qu'il y a quelqu'un par là?

MARIOLLE.

Non, monsieur, c'est le chat!

LE BARON.

A propos de ce chat, avez-vous revu le jeune homme?

VALÉRIE.

Quel jeune homme?

LE BARON.

Le petit comique du théâtre de la Tour-d'Auvergne.

VALÉRIE.

Pourquoi l'aurais-je revu?

LE BARON.

Pour vous amuser... On dit que ces gens-là sont fort amusants... même à la ville.

* Mariolle, Valérie, le baron.

VALÉRIE.

D'abord, monsieur, la personne dont il s'agit n'est pas ce que vous semblez croire... Elle est de fort bonne maison, de grande maison... et son état n'est pas de jouer les comiques.

LE BARON.

Pourquoi les joue-t-il ?... je croyais que c'était là un vrai comique... plaisanterie à part ; je me rétracte... pardonnez-moi.

VALÉRIE.

Non... je ne vous pardonne pas ! Je ne vous pardonnerai jamais de persifler ainsi les personnes distinguées que je reçois... par extraordinaire ; ce jeune homme... dont vous parlez, s'est montré avec vous d'une politesse parfaite... vous ne l'avez seulement pas salué !

LE BARON.

Vous croyez ?... J'étais distrait ! Je veux, à notre première rencontre, le traiter avec tous les égards qui lui sont dus...

VALÉRIE, à part.

Il ne s'en ira pas...

LE BARON.

Vous ne mangez guère ?...

VALÉRIE.

Non, j'ai la migraine... Je suis nerveuse... Je me souviens de mes créanciers.

LE BARON.

Vous avez encore des dettes ?

VALÉRIE.

C'est une distraction.

LE BARON.

Alors, pour mieux vous distraire, je ne les payerai pas.

MARIOLLE.

Payez-les toujours, monsieur le baron... madame en fera d'autres.

LE BARON.

Voilà du moins une Mariolle qui ne perd pas la tête... (A part) dans le danger. (Haut à Valérie.) Ma foi, Valérie, votre migraine arrive mal...

VALÉRIE.

Il y a tant de choses qui n'arrivent pas bien !

LE BARON.

Je m'étais promis de vous faire une surprise au dessert.

VALÉRIE.

Encore une surprise ?...

LE BARON.

Vous savez que j'agis de mon mieux pour vous être agréable... ma présence chez vous en ce moment doit vous le prouver. Je ne devais pas vous accompagner au bois, et j'ai fait un bout de chemin avec vous; je ne devais pas dîner ici aujourd'hui, et j'ai manqué le convoi du chemin de fer pour venir m'asseoir à votre table; enfin, je ne devais pas vous donner ma soirée, et je vous offre de vous conduire au théâtre!

VALÉRIE.

Au théâtre?... Je suis souffrante...

LE BARON.

Vraiment!... voyons votre main... Vous avez un peu de fièvre... ce qui ne vous empêche pas d'être bien charmante ce soir...

(Il veut l'embrasser.)

VALÉRIE.

Vous me décoiffez... prenez garde!

LE BARON.

Oh! vous me décoiffez!... un mot terrible!

VALÉRIE.

Je me coucherai à huit heures.

LE BARON.

Eh bien, chère enfant, nous ne sortirons pas... (Il va prendre un cigare sur le meuble de gauche.) Mariolle, enlève ce couvert et laisse-nous... madame n'a plus besoin de toi.

MARIOLLE, à part, tout en roulant le guéridon au fond.

Oh! les cartes neuves... les cartes neuves!

(Près de sortir par le fond, elle jette un coup d'œil sur le baron qui regarde la porte de la chambre où est René; elle fait quelques signes à Valérie; le baron se retourne. Elle sort inquiète *.)

VALÉRIE.

Que regardez-vous donc?

LE BARON.

Cette porte.

(Le baron met la main sur le bouton de la porte.)

VALÉRIE.

Que faites-vous?

LE BARON, ouvrant la porte.

J'ouvre une cage.

VALÉRIE, à part.

Je suis perdue!

* Le baron, Valérie.

LE BARON.

Entrez, monsieur... Entrez donc... il faut que tout le monde fume!

(René paraît. Il s'arrête sur le seuil de la porte.)

SCÈNE XVI.

LES MÊMES, RENÉ *.

RENÉ.

Je ne fume pas... je n'ai pas le droit de fumer chez madame!

LE BARON.

Oh! après dîner!... pardon... j'oubliais... vous n'avez point dîné avec nous! C'est votre faute... c'est peut-être la mienne.

RENÉ.

Monsieur!

VALÉRIE, qui s'est levée.

Vous allez tout savoir, monsieur le baron...

LE BARON.

Qu'est-ce donc que j'ignore?

VALÉRIE.

Vous ignorez ce qui s'est passé aujourd'hui dans ce salon.

LE BARON.

Mais, non... je m'en doute.

RENÉ, à part.

Que va-t-elle inventer?...

VALÉRIE.

Une fille telle que moi n'aurait jamais souffert qu'un amant se cachât dans les chiffons de cette chambre... J'ai le courage de mes folies! Aussi n'est-ce point d'un amant qu'il s'agit... M. René de Rieul m'aime depuis deux mois, c'est vrai... il m'aime, voilà tout!... il m'aime si bien ou si mal, comme vous voudrez, qu'il a fini par m'estimer. Au moment où vous frappiez à ma porte, comme un créancier, M. de Rieul me priait, me suppliait de consentir à l'épouser.

RENÉ, à part.

Voilà une invention!

LE BARON, à part.

Bien joué! (Haut.) En vérité, vous m'en direz tant! Ah! l'on vous épouse?... Je vous félicite, madame... (A René.) Mon-

* René, le baron, Valérie.

sieur, je m'incline!... Il y a des mariages de toutes les sortes : le mariage d'amour, le mariage de raison, le mariage d'argent. Vous faites, à votre tour, ce que l'on pourrait appeler un mariage... d'occasion !

RENÉ.

Monsieur... qu'entendez-vous par là?

LE BARON.

Pardieu ! j'entends... j'entends ce que vous venez d'entendre. (Bas à Valérie.) Je vous enverrai votre voile de mariée; vous pourrez le jeter... sur le passé. (Il va prendre son chapeau.) — (Haut.) Adieu, adieu, madame de Rieul !

RENÉ, à part.

Madame de Rieul !

LE BARON, à part en se retirant.

Allons, je crois que mon orgueil est sauf !

(Il salue en souriant et sort.)

SCÈNE XVII.

VALÉRIE, RENÉ *.

RENÉ.

Je suis furieux ! sans vous, je lui aurais sauté à la gorge !

VALÉRIE.

Pardonnez-moi, René; j'étais dans une impasse, il fallait en sortir.

RENÉ.

Vous en êtes sortie... en m'épousant, sans me prévenir !

VALÉRIE.

L'amoureux me gênait... je l'ai pris pour mari ; je vous ai épousé... pour me débarrasser de vous.

RENÉ.

Et vous êtes bien sûre d'avoir trompé le baron ?

VALÉRIE.

Quand ?...

RENÉ.

Quand vous lui parliez de notre mariage?

VALÉRIE.

Je suis certaine qu'il nous croit à peu près mariés! Pourquoi serait-il incrédule? Aujourd'hui, on se marie beaucoup, dans un certain monde qui ne devrait pas y songer; mais, soyez tranquille, je ne me marierai jamais!... Nous avons nos qualités, nous avons surtout nos défauts; on nous trouve

* René, Valérie.

gaies, gentilles, spirituelles : que l'on nous déplace, que l'on nous marie, et nous devenons tristes, sottes et laides. C'est comme si on voulait planter des fleurs artificielles dans un jardin... ça pousserait joliment! Est-ce que le mariage nous regarde, nous autres?..

RENÉ.

Valérie, vous parlez comme un prix Montyon ! Si Marguerite vous entendait, elle ne voudrait plus épouser son petit banquier.

VALÉRIE.

Oh! un banquier... il n'y a pas grand mal! mais... ce petit banquier me rappelle que le baron est parti... parti pour longtemps!...

RENÉ.

C'est vrai!... parti... à cause de moi... Oh! mais, rassurez-vous... ma famille est riche, mon père a un nom bien connu... et je pourrai...

VALÉRIE.

Bah ! bah !... j'ai des amis qui m'aiment encore.

RENÉ.

Où est située la caverne de ce Daniel qui vous égorge si souvent?

VALÉRIE.

Faubourg Poissonnière, numéro 14... je crois...

RENÉ.

Faubourg Poissonnière, 14... Je vous quitte.

VALÉRIE.

Où allez-vous?

RENÉ.

Je vais chercher une bonne nouvelle.

VALÉRIE.

Vous reviendrez ce soir?

RENÉ.

Oui... ce soir... ne t'inquiète de rien... je serai là ! adieu !...

(Il sort vivement.)

SCÈNE XVIII.

VALERIE.

Pauvre garçon! il ne demande qu'à aller... chez Daniel! Ce que c'est que de nous!... on a beau aimer avec désintéressement... on finit par ruiner les gens que l'on aime!

Est-ce que le baron m'aurait quittée pour toujours? Ce serait bien bête!... Mais, non... avant de briser une chaine, on passe quelque temps à la tordre... il reviendra!... C'est lui... il a de l'esprit!

SCÈNE XIX.

VALÉRIE, LE BARON *.

VALÉRIE.

Monsieur le baron!... votre visite... si imprévue... me trouble et m'embarrasse à un point...

LE BARON.

Ma chère Valérie, c'est un remords qui me ramène... je vous ai quittée sottement, sans une bonne parole d'amitié. Je vous ai parlé comme un rôle de comédie. Je le regrette... car, après tout, je suis vraiment votre obligé.

VALÉRIE.

Mon obligé?

LE BARON.

Vous m'avez permis de vous aimer et de vous le dire pendant plus de deux ans... c'est beaucoup!... Je pense encore aux heures charmantes que j'ai passées près de vous... et aux heures maussades que vous avez dû passer près de moi. C'était là un marché de dupe, pour vous seule.

VALÉRIE.

Moi, votre dupe? ce n'est point mon avis, monsieur le baron.

LE BARON.

C'est le mien.

VALÉRIE.

Vous avez toujours été si bon!

LE BARON.

Je tâcherai de l'être encore; vous n'êtes point mariée... du moins tout à fait, et j'ai le droit de me dire votre ami. Vous n'êtes pas riche... vous accepterez sans scrupule ce que je viens vous offrir sans arrière-pensée...

VALÉRIE, souriant.

Mon voile de mariée?

LE BARON.

Ce n'était là qu'une impertinence! Ce que je vous offre est tout simplement un petit présent, un bijou... en espèces,

* Valérie, le baron.

quelques milliers de francs * que je vous prie de dépenser (il pose un portefeuille dans le meuble de gauche) en souvenir de notre amitié. .

VALÉRIE.

Mais...

LE BARON.

C'est donné...

VALÉRIE, à part.

Et reçu! (Haut.) Et moi qui vous croyais irrité, furieux, contre cette méchante enfant que vous aviez eu le tort d'aimer!

LE BARON.

De la colère? non... du dépit, du chagrin peut-être. Un mot de vous m'a vieilli de quinze ans; votre main impitoyable m'a présenté un miroir affreux : j'y ai vu ce que je suis, et j'ai regretté ce que je croyais être. Je suis un homme vieux, qu'il faut dédaigner; je me croyais un homme aimable... qu'on pouvait aimer encore... que voulez-vous, chère petite?... j'avais en même temps des rides et des prétentions, des cheveux gris et des illusions roses!

VALÉRIE.

Qui est-ce qui n'a pas des cheveux gris?

LE BARON.

Oh! certainement, tout le monde en a... excepté pourtant M. de Rieul?

VALÉRIE.

M. de Rieul... M. de Rieul... (Lui prenant le bras.) Voyons, mon ami, laissez là votre modestie qui n'a pas le sens commun, et répondez-moi sincèrement... vous approuvez mon mariage?

LE BARON, souriant.

Oh!...

VALÉRIE, lui prenant le bras.

A quoi bon me marier?

LE BARON.

Je n'en sais rien... et vous?

VALÉRIE.

Vous connaissez la famille de M. de Rieul?

LE BARON.

De loin.

VALÉRIE.

Comment verra-t-elle ce mariage?

* Le baron, Valérie.

LE BARON.

Elle ne voudra peut-être pas le voir.

VALÉRIE.

Pensez-vous qu'elle s'en étonne?

LE BARON.

C'est bien le moins qu'elle fasse un peu comme tout le monde!

VALÉRIE.

Elle est puissante, cette famille?

LE BARON.

Elle peut beaucoup... mais, que vous importe?

VALÉRIE.

Si elle essayait de s'opposer?...

LE BARON, détachant son bras.

Allons donc! M. René est majeur... il a l'âge de raison exigé par l'indulgence de la loi.

VALÉRIE.

Mais, supposez qu'elle fasse du bruit, du scandale...

LE BARON.

Elle aurait grand tort!

VALÉRIE.

Sans doute... mais le mal serait fait... c'est là ce qui m'effraye, et ce que j'ai résolu d'empêcher! Vraiment, je ne voyais rien, je ne pensais à rien!... Que voulez-vous, j'étais folle!... Il y a des folies contagieuses!... Je ne vois autour de moi que des femmes qui veulent en finir avec la vie de garçon... Ah! cher baron, quel service vous venez de me rendre... et à lui aussi! Ce que c'est qu'un bon conseil d'ami!...

LE BARON.

Je ne vous ai point conseillée...

VALÉRIE.

Vous êtes mon sauveur! Jamais je n'épouserai M. de Rieul... Il m'en remerciera plus tard!... Je vais lui écrire... Vous plaît-il de m'attendre ici pendant quelques minutes... en essayant de penser à moi?... Une page d'écriture, et tout sera dit. Embrassez-moi... vous m'avez sauvée! (Près de sortir, et à part.) Décidément, il a de l'esprit.

(Elle entre dans la chambre à droite.)

SCÈNE XX.

LE BARON.

Cette maison est un petit théâtre de société fort bien machiné! seulement, le *truc* du mariage n'a point tout à fait réussi. Pauvre Valérie! pauvre comédienne! que de peine elle se donne pour ne pas tromper... son public.

RENÉ, en dehors.

Valérie!... Valérie!...

LE BARON, il s'assied à droite.

Ah! voici le mari .... Allons, puisqu'elle m'a rendu ma place malgré moi, tâchons du moins de la garder tout entière.

SCÈNE XXI.

LE BARON, RENÉ *.

René entre sans voir le baron.

RENÉ.

J'aurai demain trois mille francs !... (Il s'avance.) Monsieur le baron!...

LE BARON, à part.

A nous deux, monsieur le comique... pour la dernière fois, je l'espère. (Haut.) Monsieur, je vous attendais...

RENÉ.

Faut-il que je vous remercie, monsieur?

LE BARON, se levant.

Vous me devez peut-être un remercîment. (Mouvement de René.) Je vais remplir auprès de vous une mission difficile, délicate; par bonheur, elle a quelque chose de paternel qui convient à mon âge.

RENÉ.

Votre âge peut parler, monsieur... je l'écoute.

LE BARON.

Avez-vous de la fermeté, du courage?

RENÉ.

J'en ai, quand il le faut.

LE BARON.

Il le faut aujourd'hui absolument...

RENÉ.

Vous voulez m'éprouver? Je ne vous comprends pas.

LE BARON.

Vous allez me comprendre... Mademoiselle Valérie est une femme intelligente... et dévouée quelquefois; elle a beaucoup réfléchi depuis une heure... Elle a fini par voir le danger.

* René, le baron.

RENÉ.

Quel danger ?

LE BARON.

C'est une bonne fille qui s'est inquiétée de votre avenir... et du sien. Elle a pensé à votre nom, à votre famille... Elle a reculé devant l'opinion publique... c'est bien extraordinaire, n'est-ce pas? Enfin, mademoiselle Valérie refuse de vous épouser!...

RENÉ.

Elle refuse de m'épouser?...

LE BARON.

Vous en mourrez, si cela peut vous être agréable... mais, je vous le répète, mademoiselle Valérie... *Trois-Etoiles* ne veut plus se marier avec monsieur René de Rieul.

RENÉ.

Eh! monsieur, qui donc a songé à ce stupide mariage ?

LE BARON.

Il est certain que ce n'est pas moi... c'est vous.

RENÉ.

Jamais !

LE BARON.

Jamais?... Alors, monsieur, pourquoi m'avez-vous fait l'honneur de venir ici... chez moi, ce matin... et d'y venir encore ce soir ?

RENÉ.

Parce que... parce que je suis amoureux !

LE BARON.

Oui-dà !

RENÉ.

A mon âge, il n'est pas défendu, ce me semble, d'être amoureux?...

LE BARON.

Non, certes !... cela est même trop permis... à tout âge !... mais, ce qui est défendu... à la jeunesse, c'est de jouer la comédie du mariage pour les menus-plaisirs de la galanterie ! Ce qui est défendu, monsieur de Rieul, c'est de s'humilier devant une femme qu'on aime et devant un homme qu'on n'aime pas!

RENÉ.

Monsieur, je crois que vous allez me calomnier...

LE BARON.

Ah! vous êtes amoureux? C'est là ce que vous appelez de l'amour ? Roder, épier, se morfondre dans la rue... jusqu'au départ d'un autre ; arriver en tremblant, pâlir au bruit d'une sonnette, et détaler bien vite comme les deux rats de la fable!... de l'amour? s'installer dans nos meubles, se promener dans nos voitures, occuper notre place au théâtre, manger notre dîner... quand on vous en laisse le temps... et puis chansonner en secret l'argent et la crédulité qui payent! Allons, allons, je crois encore que vous valez mieux que ces amours-là !

RENÉ.

Monsieur, vous commencez à... à m'insulter... et je suis d'humeur à vous demander raison.

LE BARON.

Calmez-vous et croyez-moi, monsieur René : les chansons et les caprices n'ont qu'un temps !... le jour où l'argent s'en va, l'amour devient un ennui, un regret, et on le congédie par la main de quelque Mariolle! et s'il vous plaît de rester, de vous imposer à une femme qui vous éloigne, vous y laisserez votre fortune et quelque chose de votre honneur. Et vous aurez beau vous ruiner pour elle... elle vous accusera tôt ou tard de l'avoir ruinée! Elle dira qu'elle vous a nourri ! elle dira que vous lui devez de l'argent... et, en effet, vous lui devrez encore l'argent que vous ne lui aurez pas donné ! Tout cela est misérable... et je crois pourtant que vous m'avez demandé une réparation !... Oui, oui, vous voulez vous battre avec moi !... Oh ! par ma foi, un joli duel pour les premières armes d'un jeune homme et pour les dernières armes d'un vieillard!

(René réfléchit. Un moment de silence.)

RENÉ.

Oh ! mes belles années! comme on vous traite !... Monsieur, je vais vous étonner, peut-être : je vous remercie ! vous venez de donner une rude leçon à ce jeune homme... et même, entre nous, à ce vieillard ! (Mouvement du baron.) Je crois que vous allez me remercier à votre tour. (Mouvement du baron.) Oui, je m'oubliais... c'est vrai ; oui, ma situation était équivoque... mais votre situation vous a-t-elle semblé meilleure que la mienne ? Vous avez pensé beaucoup de mal de moi... et je ne sais pas encore si je dois penser beaucoup de bien de vous !... Je suis jeune, libre, amoureux... Mais vous, monsieur le baron, vous n'avez ni la faiblesse, ni la liberté de mon âge ! Mes sottises ne nuisent à personne, et je gagerais volontiers que les vôtres nuisent à quelqu'un !

LE BARON.

A moi, sans doute.

RENÉ.

Je n'ai point, comme vous, une femme, une fille, et je n'enlève rien à mes devoirs pour en faire des cadeaux à mes plaisirs.

LE BARON.

Il n'est pas défendu à un homme de mon âge d'être galant.

RENÉ.

Non, certes, c'est même permis... à tout âge!... mais ce qui est défendu à la vieillesse, c'est d'oublier qu'elle n'est plus jeune, c'est de frapper à de certaines portes qui ne s'ouvrent que devant l'argent, c'est d'afficher la livrée d'une honnête femme sous les fenêtres d'une femme galante. Ce qui est défendu à la vieillesse, c'est de chercher un intérieur, un ménage, une famille... quelle famille!... ailleurs que chez soi.

LE BARON.

Monsieur de Rieul!

RENÉ.

Oh! je sais bien que cela se fait tous les jours, parmi les gens graves, parmi les gens vertueux! On est sévère dans son ménage; on est indulgent un peu plus loin. C'est là ce que vous appelez de la vertu?... On donne un tartan à sa femme et un cachemire à sa maîtresse! Un fiacre est assez bon pour les promenades de mariage; la voiture de monsieur appartient aux distractions de la galanterie! Au théâtre, on relègue madame dans le fond d'une baignoire; on expose mademoiselle sur le velours d'une avant-scène! Et vous appelez cela de la vertu? Allons, allons, je crois encore que vous valez mieux que cette vertu-là!

LE BARON.

Monsieur!... je vais vous étonner aussi, peut-être... je vous remercie!... quoique cependant toutes vos jolies inventions, le tartan, le fiacre, la baignoire... et le reste n'aient rien de commun avec la vie d'un gentilhomme marié! Je connais votre Gavarni... On ne m'appelle point M. Coquardeau; on me nomme le baron de Guiffrey!

RENÉ.

Monsieur le baron de Guiffrey, sommes-nous quittes?

LE BARON.

Quel âge avez-vous?... vingt-cinq ans, peut-être? Eh bien, vous avez, quand vous le voulez, beaucoup de raison pour votre âge! Du reste, vous et moi, nous venons de raisonner à merveille... mais nous avons oublié la conclusion, la moralité de nos belles paroles. Voici comment j'aurais dû conclure... le premier : « Monsieur de Rieul, vous n'avez plus qu'une seule chose à faire... c'est de quitter votre cachette que voilà, et de n'y plus rentrer. »

RENÉ.

Monsieur le baron, vous n'avez plus qu'une seule chose à faire... c'est de quitter votre salon, que voici, et de n'y plus revenir!

LE BARON, lui tendant la main.

Partons!

RENÉ, lui donnant la main.

Partons!

(Trémolo à l'orchestre jusqu'à la fin.)

RENÉ.

Valérie...

(Valérie entre; elle a une lettre à la main. Elle se trouble, s'inquiète à la vue du baron et de René qui se donnent la main.)

SCÈNE XXII.

LES MÊMES, VALÉRIE *.

LE BARON.

Cette lettre est inutile, Valérie... j'ai persuadé monsieur de Rieul... nous avons fini par nous entendre.

VALÉRIE.

Ah! (A part.) Contre moi, peut-être!

LE BARON.

Ma chère enfant, je suis forcé de vous faire mes adieux... Je pars demain.

VALÉRIE.

Demain?

LE BARON.

De très-grand matin!... Rassurez-vous... même quand je pars, même quand je suis parti, je n'oublie personne. Vous recevrez souvent de mes nouvelles, de bonne nouvelles. (Il lui baise la main et fait quelques pas pour sortir.) Venez-vous, René?

VALÉRIE, à part.

René!... il l'appelle René!...

RENÉ, ému, s'approchant de Valérie.

Valérie, faites-moi l'amitié de passer demain, avant midi, chez M Daniel, faubourg Poissonnière, numéro 14...

* René, le baron, Valérie.

LE BARON.

Eh bien ! M. de Rieul ?

RENÉ.

Adieu ! adieu !

(Ils sortent.)

SCÈNE XXIII.

VALÉRIE, puis MARIOLLE *.

VALÉRIE.

Ils s'entendaient tous deux !... l'amour et l'argent contre une femme... Je ne suis plus de force ! Ah ! j'ai du malheur !

(Mariolle entre par le fond et s'avance tristement vers Valérie.)

MARIOLLE.

Madame, sais-tu ce que disait un jour notre coiffeur ?... Il disait ceci : « Il y a des femmes qui, par leur faute, ressemblent à de certaines poires d'hiver... elles mûrissent sur la paille. »

VALÉRIE.

Bah ! est-ce qu'il y a des poires d'hiver ?

MARIOLLE.

Il y en a... même en été !

VALÉRIE.

Ah ! ma pauvre Mariolle ! quelle bête d'existence !... (Elle tombe sur la causeuse à gauche.) C'est toujours à recommencer !

(Forte à l'orchestre.)

* Valérie, Mariolle.

FIN.

PARIS. — TYP. DE PILLET FILS AINÉ, RUE DES GRANDS-AUGUSTINS, 5.

AVANTAGES OFFERTS AUX AUTEURS.

Le bénéfice que peut rapporter un volume n'est pas la seule chose qu'un auteur demande à l'éditeur. Ce qu'il lui faut surtout, pour sa réputation, pour la juste satisfaction de son amour-propre, c'est d'être acheté par le plus grand nombre possible de lecteurs.

En vendant son œuvre à 10,000 exemplaires *au moins*, la *Bibliothèque Nouvelle* lui procure toute l'expansion qu'il est en droit de demander. Augmentant son bénéfice légitime, elle étend son action, en même temps que la juste popularité qu'elle lui donne.

AVANTAGES OFFERTS AU PUBLIC.

Quant aux avantages que la *Bibliothèque Nouvelle* offre au public, ils sont tellement visibles, qu'il suffira de les énoncer.

Grâce à elle, le lecteur de province et de l'étranger est assimilé au lecteur parisien. Du fond de la France, comme à Paris même, il peut suivre le mouvement littéraire de son époque; son libraire ne craindra plus d'acheter des livres d'un placement douteux, et lui-même, vu l'abaissement des prix, en achètera davantage.

A Paris comme en province, le public payera **un franc seulement** ce que jusqu'à ce jour, chez n'importe quel éditeur, il a payé 3 fr., 3 fr. 50 et 5 fr.

Il trouvera dans un format élégant, imprimé sur beau papier, avec des caractères neufs, la matière de ces volumes dits *Charpentier* qui ont eu, jusqu'à ce jour, une faveur méritée malgré leur prix relativement élevé.

Quelques rapprochements donnés ici comme exemples, sur quelques volumes pris dans différentes librairies, montreront éloquemment la vérité de cette assertion :

LAMARTINE. — *Geneviève*, *Histoire d'une Servante*, dont plusieurs éditions ont été épuisées, et qui se vend actuellement chez deux éditeurs au prix de 3 fr. .... 1 fr

GEORGE SAND. — *Mont-Revêche*. — *La Filleule*. — *Les Maîtres Sonneurs*. — *Le Diable aux Champs*, etc. (Ouvrages inédits en volumes de bibliothèque.) — On sait quel est le succès qui attend les nouvelles publications du célèbre romancier, vendues jusqu'à ce jour à des prix très-élevés. — La *Bibliothèque Nouvelle* vient d'acquérir le droit d'imprimer ces ouvrages en volumes à 1 fr.

Mme DE GIRARDIN (OEuvres de). — *Le Vicomte de Launay*. — *Monsieur le marquis de Fontanges*. — *Marguerite ou deux Amours*. — *Théâtre*. — *Poésies*, etc., édités en plusieurs formats, et vendus successivement chez plusieurs éditeurs, 7 fr. 50, 3 fr. 50 et 3 fr. le volume.......................... 1 fr.

STENDHAL (Henry Beyle). — *Le Rouge et le Noir*. — *La Chartreuse de Parme*, etc., qui viennent d'être réédités avec un si grand succès en volumes de plus de 500 pages, partout vendus 3 fr.. 1 fr.

LE DOCTEUR L. VÉRON. — *Mémoires d'un Bourgeois de Paris*. Ces Mémoires, publiés tout récemment avec tant de succès, et vendus à plus de 25,000 volumes à 5 fr. (soit 30 fr. l'ouvrage complet), seront réunis en 5 volumes à...... 1 fr.

On pourrait multiplier ces citations; mais à quoi bon?

Les éditeurs de la *Bibliothèque Nouvelle*, loin de s'en défier, ont la plus grande confiance dans l'intelligence des lecteurs français. Ils fondaient le succès de leur entreprise sur l'accueil qu'ils attendent du public, des auteurs et des libraires : ce succès a dépassé toutes leurs prévisions.

Plus de 200 volumes seront publiés dans le courant de la première année. Ils comprendront non-seulement les auteurs contemporains les plus en vogue, mais la plupart des chefs-d'œuvre des morts glorieux dont il n'est permis à personne d'ignorer les œuvres. Les littératures étrangères fourniront aussi leur contingent, scrupuleusement choisi.

www.ingramcontent.com/pod-product-compliance
Lightning Source LLC
LaVergne TN
LVHW022205080426
835511LV00008B/1590

* 9 7 8 2 0 1 2 7 2 5 3 7 9 *